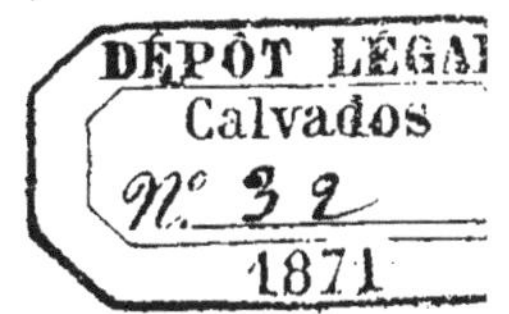

DE LA DIVISION

DU

POUVOIR LÉGISLATIF

EN DEUX CHAMBRES

DE LA DIVISION

DU

POUVOIR LÉGISLATIF

EN DEUX CHAMBRES

PAR

CHARLES LA NIEPCE

Auteur de l'Opuscule : *De la Réforme de la Loi électorale*

> « Le chef-d'œuvre de l'esprit, c'est le parfait
> « gouvernement.»
> *Du Souverain ou de la République*
> (LA BRUYÈRE.)
>
> Aujourd'hui, ce parfait gouvernement ne peut
> être que l'œuvre de tout le monde.
> Son idéal : c'est la Justice.

CAEN

E. LE GOST-CLÉRISSE, ÉDITEUR

rue Écuyère, 36

1871

BAYEUX

IMPRIMERIE H. GROBON ET O. PAYAN.

A MES LECTEURS.

La froide sagesse me conseillait de m'abstenir de livrer ce nouvel opuscule à la publicité. Des amis m'ont dit : Quoi ! vous allez traiter des objets si brûlants ! Mais M. X, M. Z, M. ***, qui n'écrivent pas, parce que ça ne leur plaît pas, le trouveront mauvais : ils pensent qu'un père de famille, qu'un homme qui relève de tout le monde par sa profession doit s'abstenir d'écrire, et particulièrement sur de pareils sujets.

L'auteur a répondu à cela qu'il était assez plaisant qu'il ne pût user du droit dont tout jeune Français, sortant de faire sa rhétorique, usait et abusait dans un journal quelconque. Selon lui, ses devoirs de père de famille, ses devoirs professionnels et de citoyen étaient, au contraire, son meilleur titre pour écrire, par cette raison qu'il ne s'écarterait pas des convenances et mettrait toute la mesure nécessaire à l'expression de sa pensée, sans retrancher la moindre chose au fond à l'indépendance de ses jugements et de ses sentiments.

D'ailleurs, il croit avoir la meilleure excuse à donner : il n'a jamais pu assister froidement aux déchirements de sa patrie ou aux luttes dirigées contre elle. Il croit avoir acquis la dure expérience que les années et les événements politiques donnent ; et si son nom n'ajoute rien à la valeur de ses raisons, il croit néammoins devoir le faire connaître comme un sûr garant de ses convictions et de leur sincérité.

Ch^{es} LA NIEPCE.

Bayeux, ce 22 mai 1871.

INTRODUCTION.

La suite de nos idées nous appelle à traiter aujourd'hui des questions se rattachant au gouvernement du pays par le pays, touchant en conséquence intimement à la loi électorale , sujet de notre premier opuscule.

Témoin de la révolution de 1848 , nous avons éprouvé les douloureuses anxiétés de cette époque.

Nous nous rappelons avoir vu l'esprit du pays suspendu aux résultats des délibérations d'une assemblée patriotique, mais fort agitée, dont les membres partaient de principes bien différents.

Une discussion un peu orageuse, ou l'annonce d'un changement de ministère inquiétait les meilleurs esprits. Les journaux étaient attendus avec la plus grande anxiété. A peine une question avait-elle reçu

une solution satisfaisante, que le lendemain il en re-
naissait une autre semant l'inquiétude.

On abandonnait les travaux de toute nature ; le
commerçant quittait son comptoir, l'homme d'affaires
quittait son cabinet, le médecin négligeait ses mala-
des, le père de famille quittait son foyer pour le cercle.

Tous les travaux, toutes les entreprises s'en res-
sentaient.

Ce tableau est loin d'être assombri. Nous pourrions
en appeler au témoignage des survivants de cette
époque.

La juste confiance qu'inspire au pays l'homme illustre qui dirige ses destinées en ce moment, a seule
empêché que cette inquiétude fiévreuse ne se renou-
velât dans le pays, au milieu d'une lutte sans pareille
dans son histoire. Espérons qu'il en sera toujours
ainsi.

Mais il est bien permis d'avoir quelque anxiété
pour l'avenir.

Il semble qu'aucune leçon ne doive nous profiter.
La passion politique marche en aveugle, fait bon
marché des leçons données par l'expérience.

La modération n'est bientôt plus de saison, chaque
parti poursuit ses vues, coûte que coûte, sans s'in-
quiéter de notre pauvre pays.

C'est sans doute une grande témérité de notre part d'en vouloir faire entendre le langage.

Ce n'est pas qu'il manque en France d'hommes d'un esprit sage , mais ils se croisent les bras et se croient dispensés d'agir, attendant leur salut de la force des événements, sans rien faire pour aider à les maîtriser.

La province en général, nous ne cesserons de le répéter, accoutumée à recevoir de Paris toute initiative bonne ou mauvaise, manque de sens politique, n'a aucun esprit d'initiative. C'est à peine si l'on ose y faire connaître en public son opinion.

Ceci n'est pas paradoxal et il n'y a pas besoin d'écrire de gros volumes pour le prouver. — C'est évident pour tout le monde.

Quoi qu'on en dise pour nous, dans notre modeste position, nous n'acceptons pas ce rôle passif. — Nous allons en avant, pensant que nos bonnes intentions sont le meilleur titre à la bienveillance du public éclairé.

Sans autre préambule, nous continuons notre sujet, qui a pour but d'appeler l'attention de l'Assemblée et du pays sur la solution des points qui nous divisent malheureusement depuis trop longtemps. Voulant avant tout que le pays se prononce avec sincérité , nous lui en indiquons les moyens par une vaste réforme électorale et parlementaire, seuls moyens efficaces et pouvant donner toute l'autorité nécessaire au gouvernement définitif, qui en doit sortir au plus tôt dans l'intérêt du pays.

Nous espérons que notre pensée sera suffisamment comprise.

Nous traiterons principalement : 1° de la nécessité d'une seconde Chambre ; 2° du corps électoral qui devra la nommer ; 3° du nombre des députés de cette seconde Chambre, ou Sénateurs.

Nous terminerons par un résumé et un appel à la conciliation ou transformation des partis.

DE LA DIVISION
DU POUVOIR LÉGISLATIF
EN DEUX CHAMBRES

I.

De la nécessité d'une seconde Chambre législative, tirée de l'expérience donnée par les leçons de l'histoire.

§ Ier.

L'illustre auteur d'une histoire de la Révolution française, qui est devenu depuis un homme d'Etat non moins célèbre, et préside aujourd'hui notre malheureux pays avec un courage et un dévouement que tout le monde admire, a écrit ceci au tome 8e de cette histoire, chapitre I, page 12 (4e édition.) :

« En 91, on était à la fois si novice et si bien-
« veillant, qu'on n'avait pas pu concevoir l'exis-
« tence d'un corps aristocratique contrôlant les
« volontés de la Représentation nationale, et qu'on
« avait cependant admis, conservé avec respect, et
« presque avec amour le pouvoir royal. Pourtant, en
« y réfléchissant mieux, on aurait vu qu'un corps
« aristocratique est de tous les pays, et même qu'il
« convient plus particulièrement aux républiques ;

« qu'un grand Etat se passe très-bien d'un roi, mais
« jamais d'un Sénat. En 1793, on venait de voir à
« quels désordres est exposée une Assemblée unique ;
« on consentit à l'établissement d'un Corps législatif
« partagé en deux Assemblées.

Un auteur qui vient de faire paraître une histoire
déjà célèbre, nous parlons de M. Lanfrey, s'exprime
ainsi, tome 1er de son histoire de Napoléon Ier, page 66
(2e édition), sur la Convention :

« La Convention venait de terminer sa longue et
« orageuse carrière en donnant à la France la cons-
« titution de l'an III. Elle avait honoré ses derniers
« jours par la fermeté qu'elle avait déployée contre
« la tyrannie de la multitude, plus difficile à abattre
« que celle des vaincus de thermidor. Après avoir
« fait fermer la salle des Jacobins, désarmé les fau-
« bourgs, abrogé la constitution de 93, œuvre
« de la fureur et du délire, dompté et muselé la popu-
« lace au risque de ruiner son principal point d'appui,
« frappé sans pitié ses propres membres, comme
« pour se punir elle-même d'avoir été leur complice
« et leur instrument, cette assemblée, grande malgré
« ses fautes et mutilée de ses propres mains, avait
« voulu préserver ses successeurs des douloureuses
« épreuves qu'elle avait subies. — Elle avait déposé
« le fruit de sa longue expérience et de sa sagesse
« tardive dans des institutions qui restent, en dépit
« de leurs imperfections, les plus libérables qu'ait
« jamais possédées la France. »

Au nombre de ces institutions la division du Corps législatif en deux chambres, le Conseil des Cinq cents et celui des Anciens au nombre de 250.

En commençant par citer l'opinion d'un illustre historien et de son émule dont la célébrité commence, nous avons eu le dessein de faire voir, de prime-abord, quelle importance s'attache au sujet que nous osons traiter.

Empruntant nos enseignements à l'histoire et aux ouvrages des hommes qui ont déjà épuisé ce sujet, il ne faudra pas s'étonner de rencontrer beaucoup de citations dans cette brochure. Notre tâche doit se borner à mettre en relief les opinions et les jugements formulés sur cette question et à y apporter la plus grande clarté possible, sans jamais sortir de la question.

Nous ne parlerons ni du Consulat ni du premier Empire, par la raison que les institutions de cette époque sont à nos yeux un instrument savamment accordé pour mettre tout dans la main du pouvoir personnel, instrument dont nous avons eu sous le second Empire une contrefaçon avec quelques corrections nécessitées par la force du temps et des choses.

Si l'on veut se faire une idée du pouvoir que ces institutions mettaient dans la main du maître, il faut ajouter à la lecture de l'histoire de M. Thiers, celle de M. Lanfrey et le récent ouvrage de M. d'Haussonville, publié dans la *Revue des Deux-*

4

Mondes, ayant pour titre : *Les Libertés religieuses
au 19e siècle.*

Nous passons donc de suite à la Restauration. La
Charte de 1814, art 15, porte : « La puissance légis-
« lative s'exerce collectivement par le Roi, la
« Chambre des pairs et la Chambre des députés des
« départements. »

La nomimation des pairs de France appartient au
Roi. — La pairie est héréditaire. (Voir dans M. Duvergier, *Collection des lois et décrets*, tome 20, page
41, l'ordonnance du Roi concernant l'hérédité de la
pairie du 19-28 août 1815, modificative de l'art. 27
de la Charte).

« Quoi que l'on puisse penser de la politique de la
« Restauration, on ne peut lui dénier la gloire d'avoir
« réparé les désastres des derniers temps de l'Em-
« pire, et préparé le pays à la pratique de la liberté. »
(Voir Dalloz, *Essai sur l'histoire générale du Droit
français*, page 323).

La Chambre des pairs joua un rôle libéral sous la
Restauration, et lorsqu'en 1831 l'hérédité de la pairie
fut abolie par les Chambres de la monarchie de 1830,
on rappela en sa faveur ce rôle libéral.

« Le bien qu'a fait la Chambre des pairs sous la
« Charte de 1814, consiste entièrement en mesures
« démocratiques.

« Opposition au système Villèle ; loi d'aînesse
« rejetée ; lois sur le jury et les élections rendant les
« fraudes impossibles ; accueil favorable fait aux

« pétitions contre l'ultramontanisme et les jésuites;
« résistance aux lois oppressives de la liberté et de la
« presse. » (Voir *Recueil* de M. Duvergier, tome 31,
page 625, et les *Moniteurs* d'octobre et de décembre
contenant la discussion de la loi devant les deux
Chambres).

« La révolution de 1830 ne fut pas sanglante, au
« moins dans ses suites. Comme le pays savait très-
« distinctement ce qu'il voulait, le mouvement, ainsi
« qu'on l'a remarqué quelquefois, ne dépassa jamais
« son but. De fait, le pays reprenait la tradition de
« 1789 ; s'il maintenait la Charte de 1814, il en re-
« jetait au moins le préambule. »

« La nouvelle monarchie, appuyée uniquement sur
« l'assentiment du pays, allégée du fardeau des sou-
« venirs et des préventions qui avaient perdu la Res-
« tauration, mais dépouillée du prestige de la tradi-
« tion et de l'ancienneté, sans aucun des supports ju-
« gés jusqu'alors nécessaires à toute monarchie, se
« trouvait-elle dans des conditions naturelles d'exis-
« tence et de durée ? L'événement semble avoir ré-
« pondu négativement. Quoi qu'il en soit ce fut un
« essai nouveau, car la Révolution de 1830 ne subs-
« titua pas seulement une dynastie à une autre dy-
« nastie ; elle imposa à la dynastie nouvelle un régime
« où avait sombré, sans la moindre résistance, la
« vieille race des rois de France en 1792.

« La monarchie de 1830 trouvait le pays complè-
« ment rétabli de ses épreuves passées. La ligne de

« conduite qu'elle parut vouloir s'imposer fut celle-ci :
« gouverner par la loi. Si la France fut à quelques
« époques de son histoire plus glorieuse, plus bril-
« lante que sous la monarchie de 1830, jamais au
« moins la condition civile, la liberté de l'individu
« n'y fut plus respectée et la légalité mieux observée.

« Une seule fois, le gouvernement d'alors parut se
« montrer infidèle à son principe ; ce fut dans les
« fameuses lois de septembre 1835. » (Voir l'ouvrage
de M. Dalloz, déjà cité, page 326.)

La forme parlementaire ne fut nullement la cause
de la perte du gouvernement de la Restauration,
comme quelques-uns l'ont écrit, comme quelques-
autres l'ont pensé ; quelle qu'eût été la forme de ce gouvernement, il y aurait eu lutte entre les représentants
des idées du passé et les hommes qui représentaient
les idées et les intérêts nés de la Révolution. Ce fut
en un mot une nouvelle phase de notre Révolution.

Le gouvernement de 1830 dans lequel beaucoup
de personnes voyaient, contrairement à l'opinion ci-
dessus, l'alliance de la tradition nationale et des principes de liberté (Voir la préface de M. Augustin
Thierry sur son livre du Tiers-Etat), succomba devant l'attaque des nouvelles générations qui voulaient
rompre tout à fait avec le gouvernement traditionnel
et établir la République.

Le parti républicain en 1830 n'était représenté que
par une faible minorité de jeunes gens inconnus et
sans puissance dans le pays.

En 1848 ce parti avait grandi par ses écrivains ; évoquons les noms de quelques-uns de ses plus illustres morts : Armand Carrel, dont le caractère égalait le talent ; Armand Marrast, le fin polémiste ; Lamennais, dont l'âpre éloquence remuait et troublait les esprits : et c'est sous l'attaque de ce parti et de celle d'une fraction des autres partis que la monarchie de juillet tomba à la faveur de la résistance apportée jusqu'alors à toute idée de réforme électorale et parlementaire, demandée aussi par le parti libéral attaché à cette monarchie.

C'est au cri de: Vive la réforme! que se fit cette révolution.

Le parti républicain se divisait en deux branches distinctes: les républicains purs qui étaient préoccupés avant tout de la forme du gouvernement, et les républicains socialistes.

L'Assemblée constituante renferma tous ces partis dans son sein et lorsqu'il s'agit de donner une constitution républicaine à la France, s'éleva la question de savoir si le pouvoir législatif serait divisé en deux Chambres.

L'auteur rentre ici pleinement dans son sujet, et il ne croit pas s'en être éloigné sensiblement.

§ II.

La Constitution de 1848.

L'on croyait que cette constitution allait enfin donner le calme au pays, éteindre les agitations qui le troublaient, faire cesser l'état de fièvre dans lequel il était, attendant chaque jour son salut d'une Chambre patriotique, éclairée, mais trop nombreuse, peu homogène dans ses principes et ses idées, ne croyant pas assez elle-même à l'efficacité de son œuvre.

On avait promis dans les départements une constitution donnant les garanties de la constitution américaine ; mais une partie de l'Assemblée voulait une œuvre originale, toute française, la Chambre unique de 91.

Pourtant on savait à quoi avait abouti la constitution de 91 : à une lutte entre la Royauté et la Chambre.

Cette fois-ci la lutte ne devait avoir lieu qu'avec un simple président ; mais ce président, par la fatalité des choses, devait exercer sur une partie du pays la puissance d'un nom magique et s'élever au rôle de prétendant à la couronne impériale ; il représentait une idole adulée et brisée tour à tour par le peuple.

M. Marrast, rapporteur de la Commission élue pour la rédaction de constitution, croyait que « tout doit fléchir devant la loi », d'une assemblée unique, que l'on pouvait user par des chocs fréquents deux Chambres rivales, et pensait sans doute qu'il était impossible *d'amoindrir, de déprimer* une Chambre unique ; il a dû voir combien il s'était trompé : qu'un coup de main était aussi facile contre une Chambre que contre deux ! (Voir le rapport de

M. Marrast au *Moniteur de l'époque*, ou dans le *Recueil* de M. Dalloz, 48, 4e partie, page 197.

La rédaction du projet de constitution enleva donc toute illusion à la partie modérée et parlementaire du pays qui s'était ralliée à la République par ce qu'elle croyait rencontrer dans le gouvernement républicain ces garanties d'ordre et de stabilité indispensables pour la marche des affaires de l'état et des particuliers.

L'article 20 de ce projet statuait ainsi :

« Le peuple français délègue le pouvoir législatif à « une assemblée unique. »

Dans le recueil de M. Duvergier, tome 48, page 572, sous le n° 5, on lit la longue note suivante :

« Cet article, l'un des plus importants sans contredit de la Constitution, a été l'objet de longs débats tant au sein de la Commission, que devant l'Assemblée.

« Déléguera-t-on le pouvoir législatif à deux assemblées ou à une seule ?

« Telle était la question que les auteurs de la constitution avaient à résoudre.

« Le rapport du citoyen Marrast retrace assez au long les motifs qui ont déterminé la Commission à repousser le système de la division du pouvoir législatif, et à proposer celui de l'unité.

« Devant l'Assemblée, la lutte a recommencé. Le système de l'unité a prévalu. Toutefois, je crois qu'il ne sera pas inutile de faire connaître l'ensemble des raisons qui ont été produites à l'appui du système opposé. On verra qu'elles sont beaucoup plus sérieuses que n'a paru le croire la Commission, ou du moins son rapporteur.

« Les partisans du système de la dualité ont d'abord invoqué l'expérience. Ils ont établi que dans tous les pays étrangers où le gouvernement représentatif existe sous la forme monarchique, ou sous la forme républicaine, la division du pouvoir législatif a prévalu, soit à l'origine, soit après une courte épreuve ; qu'en France, exepté pendant la grande période révolutionnaire, toujours la même division avait été considérée, par tous les hommes d'Etat, par tous les publicistes, comme la condition essentielle d'un bon gouvernement ; que pendant les trente dernières années, elle avait été quelquefois utile et jamais nuisible (1).

« Ils ont ajouté que ce système, avait pour lui, non-seulement l'expérience, mais encore la logique ; que seul il offrait des garanties sérieuses à la liberté et assurait quelque maturité aux délibérations législatives.

« Voici comment ils ont justifié la première de ces propositions. La nature humaine est ainsi faite que tout pouvoir, quel qu'il soit, monarchique, aristocratique, démocratique, tend fatalement, invariablement au despotisme, et a besoin d'être sans cesse contenu. La science politique consiste donc à organiser un

______

(1) Personne ne peut en parler plus sciemment que M. Duvergier, le savant annotateur des lois publiées pendant toute cette période.

système de freins, de contre-poids qui, sans entraver le pouvoir dirigeant, le modèrent, le retiennent sur la pente et l'empêchent de se précipiter. C'est à cela que les constitutions sont bonnes ; autrement il n'y aurait qu'à investir de la toute-puissance une assemblée, une caste, un homme, et qu'a les charger de pourvoir arbitrairement aux nécessités du pays.

« Maintenant, ces freins, ces contre-poids, sans lesquels la liberté n'existe pas, le pouvoir dirigeant peut-il les trouver en lui-même, dans sa propre sagesse, dans sa propre modération, ou bien dans de certaines règles qu'il s'imposerait une fois pour toutes ? Non ; l'histoire entière est là pour le prouver.

« Comme le disait si bien Lalli en 1789 : « Ce qu'il faut pour contenir le pouvoir dirigeant, ce ne sont pas des bornes passives, immobiles : ce sont des bornes vivantes, et qui, à une force active, opposent toujours une force active ; c'est, en un mot, un pouvoir collatéral qui fasse sans cesse sentir au pouvoir dominant que la toute-puissance n'appartient ici-bas à personne. »

« On oppose que le despotisme d'une assemblée unique, élue par le suffrage universel, est une illusion. Qu'est-ce en effet, dit-on, qu'un despotisme exercé par le peuple sur le peuple lui-même ? On ajoute que la souveraineté est une, que la nation est une et l'on en conclut qu'il ne doit y avoir qu'une chambre ; que ce système est d'ailleurs beaucoup plus simple.

« Ceux qui raisonnent ainsi oublient qu'il n'y a jamais unanimité dans le peuple, qu'à côté de la majorité qui nomme l'Assemblée souveraine, il y a la minorité qui la subit ; que si la souveraineté est une, il ne s'en suit pas que son mode d'action ne puisse être multiple ; qu'enfin la question de simplicité doit passer ici après celle de liberté ; que rien n'est plus simple au monde que le despotisme, et que si l'on veut être conséquent, il faut adopter le système de ceux qui proposent de déléguer à une seule assemblée, le pouvoir législatif et le pouvoir exécutif.

« Le projet de constitution repousse ce système ; il demande que les deux pouvoirs soient séparés ; mais alors il faut s'attendre à des conflits. En effet, quelque soin que l'on mette à limiter et à définir leurs attributions, on ne parviendra jamais à prévenir les collisions entre deux pouvoirs qui se touchent par une foule de points.

« Il est vrai que ces collisions ne sont pas impossibles avec un pouvoir législatif divisé. Mais nous dirons, appuyé sur l'expérience et armé de la logique, qu'une seconde Chambre, corps intermédiaire, pourra souvent amortir bien des chocs et empêcher les deux pouvoirs principaux de se heurter l'un contre l'autre.

« Sous ce premier rapport, le système des deux assemblées nous paraît donc l'emporter sur celui d'une assemblée unique.

« Maintenant, nous dirons qu'il assure plus de maturité dans les délibérations législatives ; qu'il prévient des entraînements inévitables.

« C'est là une proposition qui porte avec elle sa démonstration et que personne ne songe à contester.

« Tout le monde reconnaît que les lois, pour être bonnes et durables, ont besoin d'être votées avec réflexion et lenteur ; tout le monde avoue qu'en tout pays, en tout temps, les assemblées uniques sont exposées à de déplorables entraînements ; tout le monde sait enfin que, par caractère, par tempérament, nous sommes plus sujets que d'autres aux résolutions soudaines et passionnées, comment alors comprendre que nous ne veuillions pas introduire dans notre Constitution les précautions, les garanties que des peuples bien plus calmes, bien plus froids que nous, ont jugées nécessaires et indispensables.

« On prétend, il est vrai, que le projet de constitution présente des garanties au moins équivalentes.

« On les fait consister dans l'examen préalable des projets par le Conseil d'Etat, dans la formalité des trois lectures, dans le droit accordé au Pouvoir exécutif d'appeler l'Assemblée à une délibératien nouvelle. Ce n'est pas tout, pour tranquilliser l'Assemblée, on fait valoir la manière dont elle a procédé jusqu'à présent.

« Mais d'abord le Conseil d'Etat, tel que le projet l'organise, est une conception nouvelle sur le mérite de laquelle tout le monde est loin de s'accorder. Réalisera-t-il toutes les brillantes espérances que la Commission en a conçues ? C'est ce que personne ne

saurait affirmer aujourd'hui. D'ailleurs, qu'on le re-
marque, si le Conseil d'Etat doit être consulté sur
certains projets de loi, son avis n'est point obligatoire
pour le gouvernement. Quant aux projets émanés de
l'initiative parlementaire, l'Assemblée est libre d'ordonner ou de ne pas ordonner le renvoi. Ainsi il ne
faut pas s'exagérer cette première garantie.

« Celle des trois lectures, à quelques jours d'intervalle, est à peu près illusoire : il suffit, pour la sup-
primer, d'une déclaration d'urgence. On peut en dire
autant du droit que le projet accorde au président de
provoquer une nouvelle délibération. N'est-ce pas en
effet trop présumer d'une assemblée toute-puissante,
que de croire qu'elle sera le plus souvent disposée à
réparer les erreurs qu'elle aura commises ? Sa toute-
puissance ne lui inspirera-t-elle pas au contraire le
sentiment d'y persister ? Enfin l'exemple de l'Assemblée actuelle peut-être différemment apprécié. Nous
croyons qu'il ne serait pas difficile de démontrer
qu'il favorise plutôt qu'il ne contrarie, le système que
nous proposons.

« Mais on insiste et l'on nous dit : « Ou bien les
Chambres seront d'accord, et alors une double discussion devient inutile, ou bien, les Chambres ne
seront pas d'accord, et alors vous créez entre elles une
lutte acharnée et systématique. » A ce dilemme nous
répondons par un autre que voici : « Ou bien les
Chambres seront d'accord, et alors la loi sortira
victorieusement d'une double épreuve, aura dans le

pays plus de force et plus d'autorité ; ou bien les Chambres seront en désaccord, et ce sera la preuve que la volonté nationale ne sera pas encore assez claire, assez certaine, et que la question a besoin d'être débattue de nouveau.

« Tels sont les arguments qui ont été développés à la tribune de l'Assemblée par les citoyens Duvergier (de Hauranne), Rouher, Lherbette, Charles Dupin et Odilon Barrot. Le citoyen Duvergier (de Hauranne) avait même de concert avec les citoyens Rouher et Créton, proposé un amendement qui organisait leur système. D'après les explications présentées par le citoyen Duvergier, les différences qui devaient exister entre les deux Assemblées auraient porté sur l'âge, sur le nombre et sur la durée.

« Cette dernière condition avait pour but d'introduire dans les Conseils nationaux un peu d'esprit de suite et de tradition, et de les prémunir contre la précipitation et contre la mobilité.

« Le conseil des anciens se renouvelait par moitié tous les trois ans. Les membres sortants pouvaient être réélus. Ils étaient nommés, comme les membres de l'autre conseil, par le suffrage universel.

« Dans le cas de conflit, de dissentiment prolongé entre les deux conseils, ils devaient se réunir et délibérer ensemble. Ainsi que je l'ai dit, le système n'a pas eu de succès ; l'amendement a été écarté, au scrutin de division, par 530 voix contre 289. Toutefois, je crois devoir faire remarquer que ce vote s'explique surtout par des raisons de circonstance. On peut s'en convaincre en lisant les discours prononcés à la tribune par les citoyens de Lamartine et Dupin (aîné). L'observation en a été faite par le citoyen Barthélemy Saint-Hilaire, qui même avait proposé de rédiger ainsi l'article 20 : « Le peuple français délègue provisoirement le pouvoir législatif à une assemblée unique. » Cet amendement a été retiré à la séance suivante, ainsi qu'un autre amendement présenté par le citoyen Proudhon et qui avait pour objet de déléguer tous les pouvoirs à l'Assemblée : L'article de la Commission a été ensuite adopté. »

Nous n'avons voulu rien retrancher du savant résumé ci-dessus écrit par M. Duvergier, ancien bâtonnier de l'ordre des avocats près la Cour d'appel de Paris (1).

Nous devrions peut-être ne rien ajouter. Cependant, nous risquerons un nouvel argument en réponse à celui tiré de l'unité du peuple, de la nation, dont la souveraineté doit être une et indivisible, d'autant plus que nous nous souvenons avoir lu que l'on tire un grand argument de ce que la France est une, et du caractère profondément personnel du génie français : « Elle n'est pas un empire comme l'Angleterre, un pays et une race comme l'Allemagne, elle est une personne. » (Voir l'ouvrage de

---

(1) Voir les discours de M. Duvergier, de Hauranne, de MM. de Lamartine et Dupin, dans le tome 48 de M. Dalloz, 4ᵉ partie, page 224 et suivantes.

M. Dalloz déjà cité, page 209 et la note au bas).

Ces citations ont trait à quelques-uns des aperçus du rapport de M. Marrast, si élégamment, si spirituellement écrit.

Mais il est bien permis d'apprécier la valeur de ces aperçus, de faire voir ce qu'ils ont de spécieux.

Sans nous écarter de notre sujet, on nous permettra une petite digression, le caractère personnel du génie français n'implique pas l'unité dans l'expression de ce génie. On nous accordera sans doute cette concession que nos artistes, nos littérateurs n'ont pas tous la même manière d'expression, et pour entrer dans notre sujet : il y a quelque différence entre Rousseau et Montesquieu ; le premier s'élance dans le domaine de la raison pure ; le second va à la raison méthodiquement, en homme d'expérience. Idéalement, on placerait l'esprit de Rousseau dans la première Chambre, et celui de Montesquieu dans la deuxième.

Enfin, ce caractère personnel du génie français ne tranche en raison ni en fait la question, pas plus que l'unité, l'indivisibilité de la souveraineté ; en effet, la justice est un acte essentiel du Souverain ou de la République, l'exercice en a cependant été délégué à des magistrats, et il a été établi contrairement au principe de l'unité, de l'indivisibilité, deux degrés de juridiction dans les affaires des particuliers ? Que les théoriciens de l'unité demandent donc la suppression du deuxième degré de juridiction dans les affaires contentieuses , civiles et administratives; ils auront peu de partisans, à n'en pas douter.

Que fait le Corps législatif lorsqu'il tranche une question politique ou une question de législation ? Ne rend-il pas un jugement ; ne déclare-t-il pas que telle est la volonté générale du peuple français sur le point soumis à ses délibérations ? Poser la question, c'est la résoudre.

Quelle était la formule des rois de France exerçant la souveraineté dans leurs ordonnances ?

« A ces causes, de l'avis de notre conseil et de
« notre certaine science, pleine puissance et autorité
« royale, Nous avons *dit, déclaré et ordonné, disons,*
« *déclarons, ordonnons.* »

N'est-ce pas dans ces termes que nos tribunaux et nos magistrats statuent sur les points particuliers qui leur sont soumis ?

N'est-il pas de toute évidence que le législateur rend en réalité un jugement au nom du peuple français, seulement comme ce jugement tranche un point général, trace une règle de conduite pour toute la nation en corps ou pour tous les citoyens en particulier, il porte le nom de loi.

Pour en finir avec cet argument tiré avec raison de l'analogie, n'est-il pas vrai que dans tout débat, il y a de la passion, surtout chez un peuple mobile de caractère. La passion éclate toujours au début d'un procès, c'est tardivement que l'heure de la raison arrive.

Voyons ce qui se passe dans nos tribunaux. Comment expliquer ces arrêts qui réforment souvent les décisions des premiers juges ? Sinon par la passion qui, au début, a envahi plaideurs, conseils et a trop impressionné les premiers juges.

Nos tribunaux ne sont-ils pas l'image, en petit, de nos Chambres législatives.

Cette raison-là est française. Elle n'est émigrée ni de Londres ni de Washington, ou plutôt elle est de tous les pays.— C'est la raison humaine, c'est la loi générale du gouvernement parlementaire.

En définitive, que les partisans de l'unité, de l'indivisibilité soient conséquents avec leur principe : qu'ils proclament qu'au peuple seul assemblé, il appartient de délibérer sur ses affaires et de rendre la justice.

Mais, du moment où ils admettent forcément la délégation de la souveraineté, de son exercice, ils faussent leur principe.

La délégation de la souveraineté peut être aussi bien conférée à deux chambres qu'à une seule, comme un même mandat peut être conféré à deux personnes pour que l'une supplée l'autre.

La nécessité d'une seconde Chambre est démontrée. Le Souverain ou la République peut la constituer sans scinder sa souveraineté, il le peut d'autant mieux que le pouvoir législatif s'exercera collectivement par les deux Chambres.

II.

Qui nommera cette seconde Chambre, telle est la question qui se présente naturellement ?

Ce ne peut être évidemment le corps électoral qui a nommé la première Chambre ; en effet si c'était le même corps électoral, on aurait tout simplement une deuxième Chambre, n'ayant pas d'autre esprit politique que la première ; et une seconde Chambre ne peut remplir son but qu'à la condition de renfermer dans son sein l'esprit conservateur et traditionnel, étendant son regard sur le passé comme sur l'avenir du pays, cédant moins à l'esprit du moment ou faisant de sages concessions ; la transaction nécessaire entre les idées de conservation et les idées de progrès.

Cette question a été agitée, comme beaucoup de lecteurs le savent, par M. Laboulaye, membre de l'Institut, professeur de législation comparée au collége de France, dans son histoire des Etats-Unis, 3ᵉ époque, 15ᵉ leçon.

Il pense qu'en établissant des conditions de cens, on rendra la seconde Chambre impopulaire. Mais, dit-il: « Il y a de grands intérêts légitimes: l'intérêt provincial et municipal par exemple, l'industrie, la navigation, l'art, la science, les lettres, enfin des intérêts très-divers qui peuvent n'être pas représentés par l'Assemblée nommée par le suffrage universel, c'est-à-dire par le nombre. »

N'y aurait-il pas moyen de constituer un corps électoral tout à la fois de censitaires et d'hommes ayant la confiance des électeurs du suffrage universel, par exemple, des conseillers municipaux des villes et des bourgs d'au moins 1,000 habitants, et des maires des autres communes.

L'auteur avait d'abord pensé à un corps électoral, composé uniquement des conseillers municipaux et des maires.

Depuis il a réfléchi que sa proposition ne répondrait pas au but proposé et qu'il ne comprendrait pas comment on n'admettrait pas dans ce corps électoral, les censitaires à 150 fr. d'impôts directs, après 10 ans d'inscription sur la liste générale des électeurs, où ils seraient maintenus pour y continuer l'exercice de leurs droits électoraux avec en outre l'adjonction des capacités, d'après l'esprit de la loi du 2 mai 1827, reproduisant en cela l'esprit de notre ancien code d'instruction criminelle de 1808, sur la composition du jury (1).

En effet, pourquoi la propriété n'aurait-elle pas ses électeurs ? Tous les jours, lorsqu'il s'agit d'emprunts

(1) D'après l'article 2 de cette loi :

1° Les fonctionnaires nommés par le Roi et exerçant des fonctions gratuites ;

2° Les officiers des armées de terre et de mer en retraite ;

3° Les docteurs et licenciés de l'une ou de plusieurs des facultés de droit, des sciences et des lettres, les docteurs en médecine, les membres et correspondants de l'Institut, les membres des autres sociétés savantes reconnues par le Roi ;

4° Les notaires après 3 ans d'exercice de leurs fonctions.

à faire par les communes, on appelle les plus hauts imposés parce qu'ils ont un intérêt plus direct (1); eh bien ! la propriété qui supporte plus particulièrement les charges de l'Etat, fera entendre sa voix dans les élections. — La propriété n'est-elle pas accessible à tout le monde? — Les propriétaires ne forment pas un corps privilégié, ils représentent seulement la partie de la population la plus stable du pays et qui, à cause de cela, a nécessairement des idées conservatrices. — On arrive à la propriété ou on ne la maintient dans ses mains qu'avec de l'ordre et du travail, de la suite dans les idées. — N'est-ce pas une excellente garantie pour un corps électoral?

Avec l'adjonction des capacités que peut-on reprocher à ce corps électoral ?

Dira-t-on la nation est divisée en deux parties distinctes ? — Nous répondrons, non, car ce corps électoral sera renouvelé sans cesse par la réélection des conseillers municipaux et des maires, par l'accession à la propriété qui a lieu journellement au profit des citoyens de toutes les conditions, soit par l'achat d'immeubles, soit par de simples baux, soit par héritage ; il sera encore renouvelé par les jeunes hommes sortant de nos facultés, issus la plupart de parents qui ont conquis par leur travail une modeste aisance, et ne séparent pas leur cause de celle du peuple auquel ils appartiennent par leur éducation, par leur manière

(1) Art. 42 de la loi du 18 juillet 1839.

de vivre. — D'ailleurs il n'y a guère de familles en France, qui ne comptent un ou plusieurs membres parmi les censitaires à 150 fr. : propriétaires, usufruitiers, locataires ou parmi les hommes instruits. Ces citoyens, réunis tous les six ans pour donner leur vote, ne formeront jamais à coup sûr ni une aristocratie, ni une caste dans la République; quoi qu'en puissent dire tous les rhéteurs du monde.

Notre système a quelque chose d'analogue à celui de la Constitution de l'an III ; il a au moins sur celui-ci le mérite d'être plus simple et plus franc; en effet d'après le système organisé dans cette constitution sous le titre IV (Assemblée électorale), les électeurs du premier degré (du suffrage universel) nommaient à raison d'un pour cent ou de dix pour mille un électeur pris parmi les propriétaires d'immeubles d'un certain revenu, ou les locataires payant un certain loyer, le tout évalué d'après la valeur de la journée du temps. Autant dire ne seront électeurs que ceux qui jouiront de tel revenu..... ou paieront un loyer de..... C'est infiniment plus simple, d'autant mieux que c'était concentrer les élections dans un petit nombre ; en effet, 50,000 électeurs au premier degré nommaient en définitive 500 électeurs qui disposaient ainsi des élections.

Tandis que dans notre système, chaque collége électoral aura au moins de 4,000 à 10,000 électeurs pour l'élection au Sénat, et nous maintenons à tous les électeurs du suffrage universel le droit de voter directement pour l'élection des députés de la première Chambre.

Cependant à bien examiner la loi de l'an III, elle n'était pas sans mérite. Le législateur avait reconnu que tous les citoyens n'étaient pas aptes à choisir directement leurs représentants ; en effet, comment penser qu'un laboureur, un petit propriétaire dont la condition ne diffère guère de celle de l'ouvrier, tous attachés au sol ou à leur atelier, aient des relations et des capacités suffisantes pour connaître les candidats et juger de leurs aptitudes, surtout quand les candidats habitent à 60, 80 kilomètres d'eux ?

Ne sait-on pas que les personnes appartenant à ces conditions sociales, ou la plupart d'entre elles, et nous en parlons pertinemment, ne connaissent même pas les conseils attitrés de leur arrondissement, c'est-à-dire les avocats, les avoués ; que si elles ont un avis à demander pour leurs affaires ou une demande à former devant les tribunaux, elles prient soit leur maire, ou un propriétaire, ou un fermier aisé de leur commune, ayant des relations plus étendues qu'eux, de leur indiquer leur avocat ou leur avoué.

Il en est de même dans les élections. Nous sommes bien convaincu que nous entrons profondément dans la réalité des choses et que nous avons l'assentiment des personnes qui se guident par la raison et veulent comme nous la justice distributive dans l'organisation de la souveraineté nationale.

Si la démocratie ne peut souffrir l'établissement d'une garantie de stabilité si simple que celle ci-dessus, il faut désespérer de son avenir. Elle est incapable de se discipliner ; nous ne craignons pas de le dire.

Voyons ce qu'en pense Montesquieu, ce grand esprit, la part faite aux idées de son époque.

« Il y a toujours dans un Etat des gens distingués par
« la naissance [l'instruction a remplacé la naissance,
« c'est aujourd'hui la noblesse réelle] (Lacordaire) (1),
« les richesses, les honneurs ; mais s'ils étaient con-
« fondus parmi le peuple et s'ils n'y avaient qu'une
« voix comme les autres, la liberté commune serait
« leur esclavage, et ils n'auraient aucun intérêt à la
« défendre, parce que la plupart des résolutions
« seraient contre eux. La part qu'ils ont à la législa-
« tion doit donc être proportionnée aux autres
« avantages qu'ils ont dans l'Etat : ce qui arrivera
« s'ils forment un corps qui ait droit d'arrêter les
« entreprises du peuple, comme le peuple a droit
« d'arrêter les leurs. »

Nous engageons nos lecteurs à réfléchir sur ces quelques lignes de ce grand esprit ; elles jettent encore un jour sur la cause des réactions survenues après chacune des phases de notre révolution.

C'est un trait de lumière sur les événements qui se

____

(1) L'ancienneté des noms est une honorable notoriété, c'est une considération, ce n'est plus un privilége ! (Lamartine, voir son discours déjà cité.)

sont déroulés devant nos yeux, et que nous n'avons pas cru devoir remettre plus amplement sous les yeux du lecteur, fatigué de les entendre retracer.

III.

Liberté dans le choix des Sénateurs.

Nous croyons qu'aucune limite d'âge, aucune condition ne doit être imposée au choix des électeurs. — La liberté la plus grande doit leur être laissée. Ils sauront bien discerner le degré d'aptitude et de capacité qu'ils atte ndent de leurs élus.

IV.

Quel sera le nombre des Sénateurs ?

Aux Etats-Unis, quelle que soit la population de chaque état composant cette république fédérative, il n'y a par état que 2 sénateurs, soit en tout 66 sénateurs pour une population de trente-un millions d'âmes, d'après le recensement de 1861 ; et l'on sait quel est l'accroissement de la population en quelques années, dans cet immense pays.

Si chaque département et chaque province de l'Algérie nommaient 2 sénateurs, le sénat serait composé de 180 membres, non compris les sénateurs à donner aux colonies.

Nous proposons une autre base : un député par chaque département, sauf à en augmenter le nombre pour les départements dépassant la moyenne proportionnelle en population et en impositions.

Nous avons composé un tableau sur cette base.

Le nombre des sénateurs, d'après ce tableau ne comprenant pas les colonies, s'élèverait à 140. Voir ce tableau ci-après.

Nous inclinerions à penser que cette dernière base est la meilleure ; car il est juste que les départements populeux et riches aient la part d'influence qui leur est due.

Notre tâche touche à son terme, car nous ne croyons pas devoir entrer dans tous les détails d'une loi. Nous devons nous borner aux principaux points ; nous ne parlerons donc pas de la durée du mandat (ce point a été touché par M. Duvergier), ni des autres points accessoires. Nous sommes toujours pour le scrutin individuel ; la division en circonscriptions autour des villes.

« L'on connaît beaucoup mieux les besoins de sa
« ville que ceux des autres villes, et on juge mieux
« de la capacité de ses voisins que de celle de ses
« autres compatriotes. Il ne faut donc pas que les
« membres du Corps législatif soient tirés en géné-
« ral du corps de la nation, mais il convient que dans
« chaque lieu principal les habitants se choisissent
« un représentant. » (Montesquieu, *Esprit des lois*, livre XI, chapitre vi).

V.

**L'organisation d'un Sénat ne tranche pas la forme définitive
du Gouvernement.**

Le pays, dût-il retourner à la monarchie, ne supporterait pas facilement une pairie héréditaire ou viagère à la nomination du Roi. — D'ailleurs celui-ci ne trouverait aucune force dans la pairie, il se ferait autant d'ennemis, comme il ferait de choix.

Le peuple seul jouit maintenant du droit irresponsable d'accorder des faveurs à qui bon lui plaît, ou plutôt son irresponsabilité est ajournée, et il la paie au jour de la catastrophe, en souverain et de son sang, et de ses richesses, malheureusement sans trop profiter de la leçon.

Résumé et appel à la conciliation ou transformation des partis.

Notre malheureux pays s'épuise dans des déchirements et des luttes sanglantes depuis 80 ans, de plus, il vient d'être mutilé par un ennemi redoutable. Qui sait quelle est la part de nos divisions intestines dans nos désastres ?

Après une guerre civile aussi atroce qu'odieuse, n'est-il pas temps de mettre un terme à ces déchirements. — Est-ce que nos libertés ne seraient pas bien assises dans une Constitution qui aurait à sa base le suffrage universel par une Chambre composée des députés d'arrondissement, et un Sénat nommé comme nous le proposons, s'appuyant sur la propriété, c'est-à-dire, quoi qu'on en dise, sur la base la plus stable et la plus libérale à la fois, s'appuyant sur les élus du suffrage universel, avec l'adjonction des hommes instruits, c'est-à-dire réunissant la triple garantie du suffrage universel, de la propriété et de la capacité.

M. de Lamartine, dans le mémorable discours qu'il prononça dans la discussion de la Constitution de 1848, ne reconnaît d'autre aristocratie que celle des lumières, l'aristocratie de l'intelligence, de la probité, celle que tout le monde reconnaît aujourd'hui. — Les élus du suffrage universel, les gradués des facultés, les capacités font évidemment partie de cette aristocratie.

Oubliant dans un mouvement oratoire qu'il avait, comme aucun poète avant lui, idéalisé la plus modeste demeure, le plus humble verger, le foyer bienfaisant de la famille avec ses doux souvenirs, il ne voit dans la propriété que le signe le plus matériel, le plus brutal. — Nous ne sommes plus là de son avis ; en effet, la propriété, la terre a été longtemps un lien d'asservissement pour l'homme, mais depuis son affranchissement, commencé bien avant 89, n'a-t-elle pas été la nourricière de ce tiers-état qui avait propagé en France ces lumières, ces idées libérales qui sont l'honneur, la gloire du pays ? N'est-ce pas encore des possesseurs de cette propriété que sont sortis les hommes qui ont honoré la démocratie ? Faut-il rappeler les noms du girondin Buzot, d'Armand Carrel, de Tocqueville, tous enfants de notre province ?

La propriété donne l'aisance, permet les loisirs nécessaires et pour s'instruire et pour s'occuper des intérêts publics ; permet au citoyen de s'élever au-dessus des besoins matériels de la vie. C'est donc un signe, une présomption d'indépendance, sinon de lumières, d'aptitudes pour choisir un représentant, de la même nature que celle accordée au commerçant patenté pour élire les juges du tribunal de commerce ; car l'ouvrier, le commis, le laboureur, le propriétaire, l'homme même des professions dites libérales ont tous les jours des intérêts à débattre devant les juges de commerce et ils n'ont pas contribué à leur nomination. Qui s'élèvera là contre ? Cependant la justice est un acte du Souverain ou de la République, comme la loi.

A quelques exceptions près, la propriété est l'œuvre d'efforts, de travaux pénibles, soit des mains, soit de l'intelligence; à ce titre encore, comme le résultat d'un effort humain, elle a droit au respect de tous les citoyens. Sans ce respect, nous retombons en pleine barbarie.

La propriété supporte les plus fortes charges de l'Etat ; pourquoi n'aurait-elle pas quelque petit avantage ? celui de veiller plus particulièrement à la défense de ses intérêts qui ne sont autres que ceux de l'Etat : car si l'Etat est prospère, elle est prospère; si l'Etat souffre, elle souffre, et quand elle souffre les travaux sont paralysés, l'ouvrier se trouve par suite frappé lui-même dans son travail. La propriété a donc droit à sauvegarder plus spécialement ses intérêts, à faire entendre sa voix dans les débats qui l'intéressent. C'est un besoin réel dont on ne peut lui refuser la satisfaction dans la mesure où nous la demandons.

Nous avons déjà entendu cette objection que nous avons levée facilement : vous allez donner la prépondérance à la deuxième Chambre. Nullement. Le jour où elle sera en désaccord avec la première, sur une question, elle se réunira avec elle en assemblée générale et après un nouveau débat dans lequel l'opinion de la première Chambre l'emportera par le nombre de ses voix, l'assemblée générale tranchera définitivement la question , ainsi que cela a lieu dans nos cours de justice. Par ce moyen, l'objection du dualisme entre les deux Chambres est en outre levée.

Le suffrage de tous les citoyens pèsera donc dans tous les débats ; le suffrage universel est maintenu dans son intégrité et la propriété a quelques voix, quelques défenseurs de plus, par ce moyen, tous les intérêts sont conciliés : intérêts populaires, intérêts des hommes éclairés et aisés qui dirigent les forces de la société, et cela, sans porter aucune atteinte au principe de la souveraineté du peuple et du suffrage universel , au contraire confirmé par cette nouvelle sanction (1).

Verra-t-on aujourd'hui, comme en 1848 , certains

---

(1) Comparaison faite de la Constitution de 1852, même après les modifications de 1870, ou encore de la Constitution libérable de l'an III, avec les propositions ci-dessus : Qui balancera à les accepter ?...

partisans du gouvernement parlementaire reconnaître en principe l'utilité des deux Chambres, et en différer l'établissement, tout en avouant qu'avec une Chambre le pays est sous une espèce de dictature, mais « la dictature, sous son beau nom, sous sa forme légitime et légale, la dictature de la nation ». (Paroles de Lamartine).

Entendrons-nous répéter ce que M. Dupin (de la Nièvre) disait à la fin de son discours : La situation se « prête moins que jamais à la séparation du pouvoir « législatif en deux Chambres... » Est-ce encore aujourd'hui la situation du pays ?

Il nous semble pourtant que le pays est déjà habitué aux mouvements que lui imprime l'exercice du suffrage universel, et que la réunion des deux Chambres en assemblée générale pouvant se faire instantanément, sur la convocation du pouvoir exécutif, il n'y a aucune nécessité de retarder le fonctionnement régulier du gouvernement parlementaire, sous le prétexte qu'il peut se présenter telles résolutions politiques à prendre dans un bref délai.

Tout système a ses inconvénients ; il s'agit de rechercher celui qui en offre le moins, celui qui donne le plus de garanties au pays, à un pays impressionnable, trop prompt à l'action, où la raison a quelquefois beaucoup de peine à triompher.

Si une triple délibération eût été nécessaire pour déclarer la guerre à la Prusse, M. Thiers aurait peut-être fini par faire triompher ses idées, et notre

malheureux pays ne serait sans doute pas aujour-
d'hui mutilé.

Nous ne craignons pas de le redire à la suite des
meilleurs esprits, parce que le besoin s'en est fait
vivement ressentir de 1848 à 1851, il est indis-
pensable pour que la démocratie s'établisse en France
d'une manière définitive, qu'à côté de la première
Chambre renouvelant fréquemment son esprit par
des élections générales, il y ait une seconde Chambre
quasi permanente par son renouvellement toujours
partiel, veillant à la stabilité des lois, conservant par
cela même un certain esprit de tradition , faisant des
concessions à l'esprit de progrès, mais dans une sage
mesure (1).

C'est d'ailleurs, nous le répétons , la loi du gouvernement parlementaire, comme les tribunaux et les
cours d'appel sont le complément d'une bonne organisation judiciaire.

Le moment n'est-il pas arrivé pour les partis de se
faire des concessions, d'entendre la voix de la conciliation ; car tout débat doit avoir un terme.— Serait-il
au-dessus du patriotisme des partis de faire trève à
leur polémique ardente, de rechercher plutôt les principes et les règles d'un gouvernement vraiment
national, pacifique, libéral, assurant la stabilité des
droits sacrés de la propriété et de la famille ?

Les nations pas plus que les individus ne refont

______

(1) Voir répertoire de M. Dalloz au mot Droit constitutionnel, tome 18^e
(publié en 1851), sous le n° 68, page 275.

leur passé !... Songeons donc au présent et à l'avenir de notre patrie.

Les partisans des Stuarts en Angleterre , les Tories , sont devenus les conservateurs sous la maison de Hanovre. Que les partisans de la monarchie fassent de même en France ; qu'ils deviennent les Tories, les conservateurs de la République, et ce grand débat qui ruine notre pays sera terminé (1).

Le parti républicain ne perdra rien de sa force en consentant aux garanties d'une deuxième Chambre. Il assurera la stabilité du gouvernement nécessaire à la République comme à la Monarchie.

Nous n'avons pas la simplicité de croire que les partis vont, à notre voix, se transformer ; les partis ont, comme les hommes, leur personnalité, leur égoïsme. Cependant , il est des hommes qui mettent le repos, la grandeur du pays avant leurs idées ou leurs intérêts. — C'est à ces hommes généreux que nous nous adressons ; nous nous adressons aussi aux jeunes hommes dégagés de tous précédents politiques : à ce grand nombre d'hommes qui n'appartiennent à aucun parti, et qui se portent du côté de la raison, du côté politique du moment.

C'est à tous ces derniers qu'il appartient de se grouper pour satisfaire aux légitimes besoins du pays, qui sont d'éviter toute nouvelle crise, de consolider

(1) Les nombreuses éditions des ouvrages qui s'occupent de l'organisation de la démocratie en Amérique, indiquent assez la tendance des esprits.

ce qui existe en assurant la stabilité dans les lois et le fonctionnement d'un gouvernement régulier et définitif.

Redoutons l'anarchie ou le despotisme : l'une et l'autre nous menacent. N'oublions pas les leçons de notre histoire.

Ceci est daté de l'une des plus vieilles cités de la France, j'allais dire de la Gaule : quoique petite, elle n'en est pas sans gloire.— A la voix si patriotique de M. Thiers, on y pratique la conciliation.— Que ce mot se répète par toute la France :

Conciliation ! conciliation !

TABLEAU

DES DÉPUTÉS DE DÉPARTEMENT OU SÉNATEURS,

d'après la population

ET LE CHIFFRE DES IMPOTS DIRECTS.

Départements.	POPULATION d'après le receus. de 1867.	Impôts dir. d'après le budget de 1868.	Nombre des Sénateurs
Ain	371,643	1,747,442	1
Aisne	565,025	2,114,047	2
Allier	376,164	1,927.644	1
Alpes (Basses)	143,000	822.844	1
Alpes (Hautes)	122,117	659,623	1
Alpes Marit.	189,818	939,948	1
Ardèche	387,174	1,336,798	1
Ardennes	326,864	1,930,851	1
Ariège	250,436	881,761	1
Aube	261,951	2,074,710	1
Aude	288,626	2,289,863	1
Aveyron	400,070	1,975,675	1
Bouches-du-R.	547,903	4,138,432	2
Calvados	474,909	5,160.360	2
Cantal	237,994	1,398,170	1
Charente	378,218	2,531,891	2
Charente-Inf.	479,559	3,331,145	2
Cher	336,613	1,472,743	1
Corrèze	310,843	1,170,295	1
Corse	259,861	345.100	1
Côte-d'Or	382,762	3,501,285	2
Côte-du-Nord	641,210	2,336,564	2
Creuse	274,057	993,988	1
Dordogne	502,673	2,781,127	2
Doubs	298,072	1,793,244	1
Drôme	324,231	1,771,359	1
Eure	394,467	4,353,324	2
Eure-et-Loir	290,753	2,866,823	1
Finistère	662,485	2,330,234	2
Gard	429,747	2,724,775	2
Garonne (Hte)	493,777	3,348,411	2
Gers	295,692	2,143,290	1
Gironde	701,555	5,139,439	3
Hérault	427,245	3,376,462	2
Ille-et-Vilaine	592,609	3,786,797	2
Indre	277,860	1,426,108	1
Indre-et-Loire	325,193	2,311,166	1
Isère	581,386	3,294,259	2
Jura	298,477	1,819,645	1
Landes	306,693	1,408,589	1
Loir-et-Cher	275,757	1,821,237	1
Loire	537,108	2,589,051	2
Loire (Hte)	312,661	1,369,693	1
Loire-Inf.	598,598	2,804,609	2
Loiret	357,110	2,677,821	1

Départements.	POPULATION d'après le recens. de 1867.	Impôts dir. d'après le budget de 1868.	Nombre des Sénateurs
			65
Lot	288,919	1,677,707	1
Lot-et-Garonne	327,962	2,610,091	1
Lozère	137,263	750,150	1
Maine-et-Loire	532,325	3,576,785	2
Manche	573,899	4,490,472	2
Marne	390,809	2,937,007	2
Marne (Hte)	259,096	1,896,672	1
Mayenne	367,855	2,161,118	1
Meurthe	428,387	2,622,847	2
Meuse	301,653	2,090,843	1
Morbihan	501,084	2,023,711	2
* Moselle			1
Nièvre	342,773	1,822,997	1
Nord	1,392,041	7,413,684	4
Oise	401,274	3,856,297	2
Orne	414,618	3,175,443	2
Pas-de-Calais	749,777	4,559,520	3
Puy-de-Dôme	571,690	3,194,348	2
Pyrénées (B.)	435,486	1,560,014	1
Pyrénées (Htes)	240,252	858,909	1
Pyrénées (Or.)	189,490	966,000	1
Rhône	678,648	4,556,371	3
Saône (Hte)	317,706	1,993,514	1
Saône-et-Loire	600,006	3,876,998	2
Sarthe	463,619	3,080.250	2
Savoie	271,663	831,125	1
Savoie (Hte)	273,768	703,065	1
Seine	2,150,916	23,442,082	8
Seine-Inf.	792,768	8,017,718	4
Seine-et-Marne	354,400	3,849,146	2
Seine-et-Oise	533,727	5,508,698	2
Sèvres (Deux)	333,155	1,968,567	1
Somme	572,640	4,687,656	2
Tarn	355,513	2,201,682	1
Tarn-et-Gar.	228,969	2,054,508	1
Var	308,550	1,926,177	1
Vaucluse	266,091	1,499,501	1
Vendée	404,473	2,099,707	1
Vienne	324,527	1,773,243	1
Vienne (Hte)	326,037	1,350,833	1
Vosges	448,998	1,778,430	1
Yonne	372,589	2,549,654	1
Prov. d'Alger	200,000		1
d'Oran	146,302		1
de Const.	139,910		1

65   Total des députés de dépt. ou sénateurs.   140

APPENDICE.

Nous avons cru devoir ajouter la partie du rapport de M. Marrast, relative à l'article 20 de la Constitution de 1848, de manière à ce que les lecteurs aient le pour et le contre sur la question.

14. — « Tous les pouvoirs émanent du peuple, c'est-à-dire de cette collection de citoyens virils dont la totalité est seule souveraine.

» Cette souveraineté est une ; elle s'exprime par le suffrage universel et direct pour le choix des hommes qui la représentent ; la majorité de ceux-ci personnifie donc la volonté nationale ; la loi émanée de leur vote est l'expression de cette volonté.

» Or, pour une personne sociale comme pour un être individuel, la volonté est essentiellement libre ; elle se détermine par des besoins mobiles, variables, incessamment modifiés par un double instinct, dont un peuple ne se dépouille pas plus qu'un homme, l'instinct de conservation, qui fait le fond de la vie ; l'instinct de perfectionnement, qui lui donne l'activité, l'impulsion, le désir de bien-être, le mouvement ascendant, la moralité, le progrès. Livré au mouvement de ses désirs et de ses passions, la société se briserait bientôt comme une machine détraquée ; immobilisée, matérialisée, pétrifiée, condamnée à vivre de la vie du polype, elle s'arracherait bientôt sanglante du roc où l'on essayerait de l'incruster.

» Cette double fraction de l'existence est aujourd'hui reconnue de tout le monde ; elle implique une conséquence invincible : c'est que la nation doit être consultée à des termes courts et réguliers ; par conséquent, elle ne saurait avoir de pouvoir héréditaire. Souveraineté du peuple, hérédité de pouvoir politique : deux choses qui se heurtent comme deux incompatibilités ; si la première est vraie, l'autre est fausse ; si la première a conquis l'opiuion intelligente de toutes les nations, l'autre est frappée de mort, et la durée en est tout simplement impossible.

» Notre constitution, jalouse de mettre le pouvoir en harmonie avec les mouvements de la volonté nationale , les renouvelle donc à des époques assez rapprochées pour que ces pouvoirs guident , poussent ou modèrent la société dans le courant defaits et d'idées qui l'entraîne.

» Nous n'entrons à ce sujet dans aucun détail, notre projet suffit à l'expliquer.

15.— « Une seule question a fourni le texte d'objections plus importantes par l'esprit et la renommée de ceux qui les font que par la puissance réelle des arguments qu'ils emploient. Nous voulons parler de l'assemblée unique à laquelle est remis le pouvoir législatif.

» S'il y a au monde un fait reconnu, avéré, c'est l'homogénéité du peuple français. S'il y a une tendance constatée dans l'histoire , un résultat obtenu, c'est l'unité de la nation. Cette unité est partout, dans une administration concentrée, dans la prépondérance de la capitale, dans les lois, dans la justice ; elle a pénétré même dans ce qu'il y a de plus personnel, de plus intime, dans les travaux de la science et des arts. Cette unité est notre force : la monarchie dans le passé ne s'est rendue utile qu'en la servant.

» La souveraineté est une, la nation est une, la volonté nationale est une. Comment donc voudrait-on que la délégation de la souveraineté ne fût pas unique, que la représentation nationale fût coupée en deux, que la loi émanant de la volonté générale fût obligée d'avoir deux expressions pour une seule pensée ?

» Considérée soit dans la souveraineté qui en est la source, soit dans le pouvoir qui l'exécute, soit dans la justice qui l'occupe, la loi n'est pas divisible ; comment le serait-elle dans le pouvoir qui la conçoit et qui la crée ?

» Évidemment, il faudrait des raisons supérieures , d'impérieuses nécessités politiques, pour que la constitution républicaine, partageant le pouvoir législatif en deux chambres, fît cette violence à la logique et portât une si profonde atteinte au sentiment public : ces raisons nous ne les apercevons pas.

» Les partisans des deux chambres reconnaissent comme nous l'unité de la France, et ils prétendent respecter la souveraineté du peuple. Il n'y a qu'un malheur, c'est qu'ils s'exposent continuellement à méconnaître ou à violer sa volonté. Imaginez deux chambres organisées comme il vous plaira : dès que vous les placez côte à côte, égales en puissance, vous n'arriverez qu'à l'un de ces deux résultats :

» Ou les chambres seront d'accord, et alors une double discussion, un double vote, ne servent à rien et peuvent nuire en retardant la loi ;

» Ou bien elle seront en désaccord, ce qui arrivera le plus souvent, et alors c'est la lutte que vous établissez au sommet de l'État. Or, la lutte en haut, c'est l'anarchie en bas : les deux chambres sont donc un principe de désordre.

» De cette lutte, l'une des deux chambres sortira nécessairement affaiblie, et l'autorité de la loi perdra en respect ce que les législateurs auront perdu en crédit. Ajoutez à cela que la discussion dans une seconde chambre doit jeter le trouble dans la première : la minorité se passionne davantage quand elle espère faire triompher sa cause en appel ; de là des intrigues sans nombre, de là moins de soumission pour la décision d'une assemblée ; les partis extérieurs ajoutent leurs passions à celle des représentants ; ce qui n'était d'abord qu'une opposition convaincue peut devenir un antagonisme systématique : et alors il n'y a plus deux chambres, mais deux camps, ou plutôt il n'y a plus de pouvoir législatif ; l'une des deux forces pouvant paralyser l'autre, la machine s'arrête jusqu'à ce qu'une secousse violente la brise, ou qu'un ambitieux l'aplatisse de manière à la faire tenir dans le fourreau de son épée.

16.— « Le péril de cette dualité ne se fait pas moins sentir, en effet, dans les rapports du pouvoir législatif avec l'exécutif ; avec une seule assemblée politique, une seule inspiration, une seule règle : l'assemblée, organe de l'opinion, la fait prévaloir en donnant ou refusant la majorité aux ministres ; ils sortent de son sein, ils se conforment à ses idées ; mais si un ministère qui plaît à une chambre déplaît à l'autre, qui l'emportera ? Et si, par hasard, ce ministère représente fidèlement les opinions, le système du président de la République, système qui pourra n'être point en parfaite harmonie avec celui de la représentation nationale, qu'arrivera-t-il ? Avec l'assemblée unique la chose est simple ; tout doit fléchir devant sa loi. Avec une seconde chambre il y a un secours à la résistance : le pouvoir exécutif, battu ici, se réfugie là : à une majorité contre lui il oppose une majorité pour lui ; il se sert de l'une contre l'autre, il les use bientôt par des chocs fréquents ; le pouvoir législatif, amoindri, déprimé, offre une prise facile à toutes les usurpations. Quand on a pour soi les anciens, on fait sauter les cinq-cents par les fenêtres.

» Ces coups de main sont rares, nous le savons bien, pas si rares toutefois que les hommes de génie ; mais cette extrémité même est-elle nécessaire pour condamner le système des deux chambres ? Si elles ne deviennent pas le levier de l'ambitieux , si elles ne servent pas les desseins d'un conquérant, n'y a-t-il pas toujours d'assez nombreuses causes d'agitation dans un État ? une popularité pour laquelle vous créez deux rivales, une multitude à laquelle vous pouvez donner la moitié d'un pouvoir qui la flatte, tandis que l'autre moitié lui résiste ?

» Et tous ces dangers si graves , vous les braveriez ? pourquoi ? Pour obéir à un principe ? Non ; pour attaquer tous les principes. Pour donner à la loi plus de puissance ? Non ; on affaiblit la puissance en la divisant. Pour assurer à la représentation nationale une expression plus sincère, pour calmer les partis, amortir les passions, maintenir l'unité, assouplir, simplifier les ressorts de l'appareil législatif ? Rien de semblable.

17.— « Pourquoi donc ? On ne nous donne que deux motifs : l'un est grave, l'autre ne l'est pas. Ce dernier, c'est l'exemple de l'Angleterre et des États-Unis.

» Nous pourrions montrer facilement que deux chambres en Angleterre représentent deux intérêts divers, quelquefois contraires, qui se trouvent dans le parlement, parce qu'ils sont dans le pays. Nous pourrions montrer qu'aux États-Unis la souveraineté se divise et se subdivise, qu'elle est partielle, locale, formée de groupes indépendants, et qu'elle se reproduit dans le pouvoir comme elle est à l'origine.

» Nous ferons seulement une réponse qui dispense de toute autre. Nous sommes en France, nous constituons la République française, nous agissons sur un pays qui a ses mœurs, son caractère personnel : nous n'avons à le costumer ni à l'américaine ni à l'anglaise. Plein de respect pour les autres nationalités, plein d'admiration pour ce qu'elles ont fait de grand et de durable, nous nous abdiquerions en les copiant. La raison émigrée de Londres ou de Washington est mauvaise par cela même qu'elle vient de là. Transplanter une organisation politique sur un sol étranger, c'est vouloir qu'elle n'y pousse pas de racines. L'argument hétérogène prouverait donc plutôt contre que pour : soyons modérés, il ne prouve rien.

18.— « Il en est un autre qui a, selon nous , une base plus solide et dont la commission s'était fortement préoccupée : c'est l'entraînement d'une assemblée unique qui, sous la pression d'un événement extérieur ou d'une émotion née dans son propre sein , peut prendre une résolution irréfléchie, faire une loi imprudente, et dont elle serait

la première à se repentir. Notre humeur est vive et prompte ; le talent
d'un orateur peut nous exalter ; au seul éclair d'une passion géné-
reuse notre pensée devient une flamme. Serait-il sage de compromettre
la majesté de la loi par l'emportement ou la précipitation ? Ne
faut-il pas que la loi soit toujours entourée de formes solennelles ,
méditée, mûrie, soumise à plusieurs degrés de discussion ?

» Oui sans doute, tout cela est sensé, et la commission croit y avoir
répondu par les précautions qu'elle a prises. Elle assure plus de deux
degrés à la discussion en exigeant que l'assemblée délibère trois fois,
à dix jours d'intervalle, sur les projets qui lui sont soumis. Dans les
cas d'urgence même, rien ne peut être résolu à l'heure même, et
l'urgence, débattue dans les comités ou dans les bureaux , doit être
jugée avant que l'assemblée prononce au fond. A côté de l'assemblée
unique, la constitution place un conseil d'État choisi par elle , émana-
tion de sa volonté, délibérant à part, en dehors des mouvements
qui peuvent agiter les grandes réunions. C'est là que la loi se prépare,
c'est là qu'on renvoie, pour la mûrir, toute proposition d'initiative
parlementaire qui paraît trop hâtive au pouvoir législatif. Ce corps ,
composé d'hommes éminents, et placé entre l'assemblée qui fait la
loi et le pouvoir qui l'exécute, tenant au premier par sa racine, au
second par son contrôle sur l'administration, aura naturellement une
autorité qui tempèrera ce que l'assemblée unique pourrait avoir de
trop hardi, ce que le gouvernement pourrait avoir d'arbitraire.

» Pour conjurer enfin tous les périls de la précipitation, nous avons
accordé au pouvoir exécutif le droit d'appeler l'assemblée à une délibération nouvelle.

19.— « Nous avons donc multiplié les garanties, nous avons élevé
contre le torrent des digues plus nombreuses et plus résistantes qu'il
n'y en eut dans toutes les constitutions passées ; et en maintenant
l'unité de l'assemblée, l'expression simple et vraie de la souveraineté
nationale , nous croyons avoir réduit au néant la seule objection sé-
rieuse qui vint donner quelque raison au système des deux chambres.

» Et qu'il nous soit permis de le dire, toutes ces craintes sur l'im-
patience et sur la précipitation d'une assemblée unique sont déme-
surément exagérées. Trente ans de discussions parlementaires n'ont
pas passé vainement sur le front de nos générations ; l'éducation politique est plus complète aujourd'hui, les représentents du peuple
comprennent tout ce qu'exige de patriotisme et de modération
l'exercice de l'autorité suprême. La souveraineté, assurée d'elle-même,
ne s'extravase point, ne déborde pas en flots impétueux. Elle a la

dignité et le calme de la puissance, et nous pouvons sans flatterie invoquer l'assemblée qui nous écoute : maîtresse absolue de la situation, absorbant en elle tous les pouvoirs, placés sous l'impression des événements les plus périlleux, des circonstances les plus critiques, elle a su, dans ces circonstances mémorables, donner à toutes les démocraties un noble exemple, et aux partisans des deux chambres une excellente leçon.

Nos lecteurs peuvent prononcer. Ils ont vu le pour et le contre.

Que la décision de l'Assemblée de 1848 ne préjuge pas pour eux la question.

Si jamais Assemblée fut compétente pour la résoudre ce fut évidemment la Convention ; et la Convention, comme on l'a vu, comme on le sait, la trancha dans le sens opposé.

Ce que nous pouvons ajouter encore, c'est que la Constitution de 1848 n'apporta aucun calme dans le pays fortement ébranlé et n'inspira pas assez de confiance pour la marche régulière des affaires de la République et des particuliers.

Nous n'entendons pas par là justifier l'acte de violence qui renversa cette Constitution. Nous l'avons toujours blâmé hautement, au moment même et toujours ; au pays seul, par ses mandataires, il appartenait d'en corriger les défauts.

Elle en avait ; en effet, la procédure législative doit donner au moins des garanties égales à la procédure civile. Il faut que les citoyens en particulier, la nation en corps, et le pouvoir exécutif dont la responsabilité est mise en jeu par l'exécution des lois (ce qu'il ne faut pas perdre de vue), y trouvent pour leurs droits et leurs intérêts de fortes garanties. Il faut que le législateur, comme le juge, soit prémuni contre ses entraînements, que l'erreur d'une première chambre comme d'un premier juge puisse être rectifiée, après un nouveau débat, devant une autre chambre, qui voyant l'ensemble des questions soulevées et des raisons données de part et d'autre les appréciera plus clairement.

« L'esprit de modération doit être celui du législateur ; le bien po« litique comme le bien moral se trouve toujours entre les deux
« limites. »   (Montesquieu, livre 29e, chapitre 1er.)

Cet esprit de modération, si nécessaire au législateur pour fonder un gouvernement stable, était précisément celui de la Convention, en l'an III.

Il parait mieux encore être celui du pays en ce moment ; ne serait-il pas opportun de trancher définitivement la question, d'une manière conforme à la raison, qui n'est autre que cet esprit de modération ?

Bayeux.— Typ. H. GROBON et O. PAYAN.